Inhaltsverzeichnis

E i n l e i t u n g : | Seite 2 - 8

Modul 1: Vorbereitung | Seite 9 - 22

Modul 2: 14 Gesprächsleitfäden zur Einwandsbehandlung | Seite 23 – 128

Variante 01 Seite 24-29 | Variante 02 Seite 32-37 | Variante 03 Seite 38-44 | Variante 04 Seite 45-51
Variante 05 Seite 52-58 | Variante 06 Seite 59-63 | Variante 07 Seite 65-71 | Variante 08 Seite 75-80
Variante 09 Seite 83-88 | Variante 10 Seite 89-93 | Variante 11 Seite 94-102 | Variante 12 Seite 103-110
Variante 13 Seite 111-118 | Variante 14 Seite 114-118 |

Modul 3: 3 Varianten um am Empfang einfacher durchzukommen | Seite 129 – 138

Modul 4: Entscheider finden | Seite 139 – 146

Tipps: Seite 13 | 18 | 21 | 22 | 25 | 64 | 66 | 72 | 73 | 81 | 82 | 95 |

Einleitung

Der Autor

Markus Waser ist seit über 20 Jahren einer der erfolgreichsten Verkäufer | Trainer.

Er ist verheiratet und wohnt mit seiner Familie in der Schweiz am Zürichsee.

Markus Waser ist ausgebildeter NLP Practitioner, NLP Master.

Bei seinem letzten Arbeitgeber, der gegen 1000 Aussendienstmitarbeiter beschäftigt, wurde er international als bester Verkäufer ausgezeichnet.

Die stetige Weiterbildung ist für Markus Waser eine Selbstverständlichkeit. Jährlich absolviert er in verschiedenen Ländern Weiterbildungen und Seminare.

MARKUS WASER
VISUALIZE YOUR SALE

Einleitung

E r k l ä r u n g

„Um den Text kurz und lesbar zu halten, verwenden wir jeweils nur die männliche Form von Begriffen. Diese schliesst jedoch immer, wenn es sich um eine Person handelt, die weibliche Form ein."

Wir erlauben uns Dich in der Du-Form anzusprechen. Durch die Du-Form dringen die Sales Cards mehr in Dein Unterbewusstsein ein und Du lernst dadurch noch schneller.

Einleitung

Einleitung

Die Sales Cards führen dazu, dass Du in Zukunft viel weniger Einwände hast und Du diese spielerisch und leicht behandelst. Du merkst schnell wie einfach es ist, Deine Verkaufsgespräche viel zielgerichteter und erfolgreicher zu führen. Die Sales Cards beinhalten keine manipulativen Techniken und sie sind so aufgebaut, dass Du einfach und schnell lernst.

Auch wenn nicht alle Notizen und Stories auf Dich und Deine Branche zugeschnitten sind und Du möglicherweise nicht alles aus den Sales Cards in die Praxis umsetzen kannst, wirst Du erstaunt sein, wie einfach Du Deine eigenen Verkaufsgeschichten erstellen und umsetzen wirst.

Freue Dich jetzt schon über den Gewinn und den Spass, den Du durch diese Sales Cards haben wirst.

Viel Erfolg

Markus Waser

www.markuswaser.com

Einleitung

Die Sals Cards helfen Dir in Zukunft in Ergänzung zu unseren Verkaufstrainings, die Trilogie, Visualize your Sale | VS 1 | VS 2 | VS 3 | zum Top Seller zu werden.

Alle Informationen zu Deinen Trainings in Ergänzung zu den Sales Cards auf

www.markuswaser.com

Einleitung

Deine Einstellung zum Verkauf

Ich durfte in den letzten 20 Jahren viele Verkäufer begleiten und war bei deren Verhandlungen dabei.

Die Verkäufer habe ich im Bereich Verkaufskompetenzen geschult und sie zu Top Sellern ausgebildet.

Bei 70 % der Verkäufer musste ich zuerst einmal die Einstellung und die Sichtweise zum Verkauf besprechen und ihnen ein Refraiming (einen anderen Rahmen) geben.

Diese Verkäufer signalisierten massive Unsicherheiten. Hatten eine negative Einstellung und Haltung zum Produkt, zur Firma und generell zum Verkauf. Im weiteren wiesen sie Unsicherheiten im Auftreten, in der Mimik, Gestik, Körperhaltung und der Stimmlage auf.

Mein Credo: Sei stolz darauf ein Verkäufer zu sein. Gehe auch so zum Kunden, als Spitzenverkäufer.

Einleitung

Interesse wecken

Die erste Sekunde am Telefon ist entscheidend, wenn Du einen interessanten Einstieg hast dann hast Du wirklich schon gewonnen.

- Komme immer auf den Punkt
- Was ist es?
- Um was geht es?
- Wecke die Neugier beim Kunden.
- Wecke das Interesse beim Kunden.

Es ist wichtig, Dein Vorgehen vor dem Telefonat gut zu planen und zu strukturieren. Dadurch bekommst Du genügend Selbstvertrauen und bist auf die Antworten Deines Kunden vorbereitet und kannst gezielt und gekonnt antworten.

Modul 1

Vorbereitung

Einwände gegen den Verkäufer

Vorbereitung

Einwände gegen den Verkäufer

Einwände des Kunden sind meistens Vorwände und keine Einwände. Dies spielt bei der Einwandsbehandlung keine Rolle.

Viele Verkäufer merken nicht, dass sie als Person beim Kunden zu wenig professionell ankommen. Vielfach erscheinen sie emotionslos und gehen zu wenig auf den Kunden ein.

Es werden kapitale Fehler bei der Imagephase gemacht. Dies beginnt schon beim ersten Telefon. Deine Stimmlage und Deine Professionalität am Telefon ist der erste Eindruck.

Achte auf Deinen persönlichen Auftritt, auch bei den sozialen Netzwerken, sowie auf deiner Webseite. Generell wirst Du als Person oder Verkäufer vor einem Termin gegoogelt.

Vorbereitung

Fehler die gemacht werden

- Keine Kundenvorbereitung
- Verkäufer will sich profilieren
- Unpünktlichkeit
- Verkäufer spricht permanent
- Hört nicht zu

- Keine Kundenergründung im Vorfeld
- Falscher Gesprächseinstieg
- Undeutliche Aussprache
- Falsche Mimik und Gestik
- Falsche Körpersprache
- Unsicheres Auftreten
- Versprechen werden nicht eingehalten
- Generell zu wenig verbindlich

Vorbereitung

Tipp

Besuche mindestens zehn Kunden zusammen mit einem Arbeitskollegen, Verkaufsleiter oder Vorgesetzten. Lass Dir nach dem Termin sofort ein ehrliches Feedback über das ganze Verkaufsgespräch geben.

Nimm drei Punkte, die ihr zusammen besprochen habt und setze diese gleich um. Gehe die weiteren Punkte an, sobald Du die ersten Punkte verinnerlicht hast.

Vorbereitung

Mentale Vorbereitung

Vorbereitung

Mentale Vorbereitung

Der Schlüssel zu Deinem Erfolg ist Deine mentale Vorbereitung auf das Telefongespräch oder den Kundentermin.

Stell dir vor:

- bei jedem Telefonat einen Termin zu vereinbaren.
- keine Einwände mehr zu erhalten.
- dass jede Offerte angenommen wird.
- Du bist die Nummer 1 in Deinem Unternehmen.
- Du wirst als Sieger gefeiert.
- Deine Ziele und Wünsche erreichst Du ganz einfach.
- Dein Einkommen hat sich verdoppelt.
- Deine Kunden kommen von selbst.

Methodik

- Visualisiere Dein Weg und das Ziel.
- Schule Dich in Mentaltraining.
- Lade Dir Hörbücher im Bereich Visualisierung und Mentaltraining herunter.

Vorbereitung

Kundenvorbereitung

Vorbereitung

Kundenvorbereitung

- Finde heraus wer der Entscheidungsträger ist.
- Recherchiere über die Person und das Unternehmen.
- Was genau ist Dein Ziel beim Telefonat mit dem Kunden?
- Was möchtest Du beim Kundentermin erreichen?
- CRM – Daten genau analysieren und hinterfragen.
- Terminverwaltungstool bereit halten.
- Halte Deine Kontaktdaten immer bereit.
- Sind Deine Verkaufsutensilien einwandfrei?
- Produktemuster bereitstellen.

Methodik

- Xing, LinkedIn, Facebook, Twitter und co.
- Gesprächsleitfaden bereit halten.
- Gesprächsagenda vorbereiten.
- Erforderliche Daten erfragen.
- Elektronisch oder durch Papieragenda.
- Deine Visitenkarte bereit halten.
- Verkaufskoffer, Produktemuster, Unternehmenspräsentation, Flyer, Aktionen und weiteres.

Vorbereitung

Tipp

Durch die optimale Kundenergründung wirst Du erleben wie Du praktisch keine Einwände mehr haben wirst. Erfrage die Wünsche, Ziele und Werte Deiner Kunden. Durch gezielte Kundenergründung wirst Du Deine Abschlussquote um ein vielfaches erhöhen.

Vorbereitung

Ergründungsphase

1. Fragen zur Person | Sache

Ergründe die IST-Situation der Person oder Firma.

2. Welche Wünsche hat der Kunde?

Frage nach, welches die Wünsche des Kunden sind. Was möchte er? Was ist ihm wichtig?

3. Halte das Gespräch im Fluss

Falls der Kunde Dir wenige Anhaltspunkte gibt, mach mit ihm eine Gedankenreise und gib ihm einige Denkanstösse.

4. Wünsche des Kunden hinterfragen

Hinterfrage den Kunden, was er unter seinen Wünschen genau versteht. Denn er hat meistens eine andere Ansicht als Du.

Sales Cards©

Vorbereitung

5. Wo liegt die Priorität seiner Wünsche?

Priorisiere seine Wünsche und frage ihn nach seinen drei wichtigsten.

6. Finde das Motiv des Kunden heraus. Seinen Hotbutton.

Warum sind ihm diese drei Wünsche so wichtig? Dadurch erfährst Du die Gründe seiner Wünsche und erreichst seinen Hotbutton, seine Emotionen.

7. Zusammenfassen

Fasse nun die vom Kunden geäusserten Punkte | Wünsche zusammen und wiederhole sie.

8. Testabschluss

Falls wir alle die von Ihnen aufgezählten Wünsche erfüllen, sind Sie dann bereit dies mit uns umzusetzen?

Vorbereitung

Tipp

Entwickle Dich zum lösungsorientierten Verkäufer, gestalte Deinen eigenen Leitfaden mit Hilfe der folgenden Sales Cards.

Aus eigener Erfahrung kann ich Dir sagen, wenn Du Deinen eigenen Leitfaden erstellst und Du nach diesem vorgehst werden Dir ganz neue Türen aufgehen und Du wirst begeistert sein, wie Deine Terminquote rasant nach oben schnellt. Das hat selbstverständlich einen positiven Einfluss auf Deine Abschlüsse und auf Deinen Umsatz.

Nimm Dir ausreichend Zeit und nimm dir diese extrem wichtige Aufgabe zu Herzen und erstelle Deinen persönlichen Leitfaden. Beginne mit diesem Leitfaden zu arbeiten, wenn Du merkst das nicht alles so funktioniert wie Du dies erwartest, dann passe den Leitfaden mit kleinen Justierungen an.

Sales Cards©   www.markuswaser.com

Vorbereitung

T i p p

Das Ziel ist nicht nur den Termin zu bekommen. Wichtig ist, dass Du möglichst viele Informationen vom Kunden erhältst. Damit meine ich nicht nur die Infos, die auf der Webseite stehen oder in den Sozialen Medien. Sondern Informationen, die Dir der Kunde am Telefon gibt, die ihm besonders wichtig sind. Nur so kannst Du Dich optimal auf den Termin vorbereiten und Dich auf den Kunden einstimmen. Spüre heraus was für einen Kundentyp Du auf der anderen Seite der Leitung hast.

Nachdem Du den Termin fixiert hast, ist das Gespräch noch nicht beendet. Nein, jetzt folgt ein wichtiger Teil des Gespräches, den nun fragst Du weiter.

«Haben wir alles besprochen oder gibt es noch einen Punkt den wir vergessen haben?» Erst wenn der Kunde Dir alles gesagt hat, sprichst Du weiter. Nun geht es erst richtig los, den nun unterscheidest Du Dich vom Seller zum TOP Seller. «Lieber Kunde, damit ich mich optimal auf unser gemeinsames Treffen vorbereiten kann, habe ich drei Fragen, ist das OK für Sie?» Stelle nun Deine wichtigsten drei Fragen, welche für Dich und Dein Business wichtig sind. Nur so kannst Du Dich im Vorfeld optimal auf den Termin vorbereiten.

Du wirst sehen mit dieser Methode kommst Du wirklich professionell bei Deinen Kunden an. Du unterscheidest Dich massiv von Deinen Mitbewerbern, denn nun kannst Du Dich optimal auf die Bedürfnisse des Kunden einstimmen.

Modul 2

14 effektive Techniken der Einwandsbehandlung

Modul 2
Variante 1

Variante 1

Ich möchte ihr Partner werden.

Modul 2
Variante 1

Tipp

Bevor Du einen Einwand behandelst musst Du immer zuerst einen Stossdämpfer einbauen. Erst danach entkräftest Du den Kundeneinwand.

Beispiel Stossdämpfer:

Danke Herr Kunde, dass Sie so offen zu mir sind.

Danke Herr Kunde, dass Sie mir das sagen.

Ich kann Sie gut verstehen.

Ja klar, ich versteh Sie.

Variante 1

Modul 2
Variante 1

(1)

Guten Tag Herr Linder, Solution AG aus Zürich, Marco Marti.

Guten Tag Herr Marti, wie kann ich Ihnen helfen?

Herr Linder es geht um den Bereich Digitalisierung, wir möchten ihr Partner sein und Sie als Kunden gewinnen.

Mit bestimmter Stimme den Kunden fragen.

Herr Marti wir haben schon einen Partner.

Danke, dass Sie so offen zu mir sind. Herr Linder nur einmal angenommen Sie würden einen neuen Partner suchen, was müsste dieser gegenüber dem heutigen Ihnen an Mehrwert bieten?

Kommen Sie immer sofort auf den Punkt

Ja ....

(2)

Modul 2
Variante 1

Variante 1

Wissen Sie Herr Marti, das sind einige Punkte ....

②

Herr Linder, das sind viele Punkte die Sie mir da aufzählen. Welche drei Punkte sind Ihnen den am wichtigsten?

Das sind eigentlich zwei Punkte. Stabilität der Systeme und den Support an den Wochenenden.

Nur einmal angenommen, wir könnten Ihnen in diesen zwei Punkten ... zu Ihrem bestehenden Partner einen wirklichen Mehrwert bieten. Was würde das für Sie bedeuten?

③

Ja, dann hätten wir ein grosses Problem gelöst.

Sales Cards©   www.markuswaser.com

Variante 1

Modul 2
Variante 1

Herr Linder, lassen wir uns darüber ein genaues Bild machen.

(3)

OK.

Wie sieht es bei Ihnen, am Donnerstag, 14.00 Uhr oder Freitag, 10.00 Uhr aus?

Donnerstag, 14.00 Uhr ist perfekt.

Nun gleich zwei bis drei Terminvorschläge geben.

Wie möchten Sie den Termin bestätigt haben per Mail, SMS, WhatsApp oder per Post?

Bitte gleich per Mail einladen.

Terminbestätigung sofort senden und sich auf den Termin freuen.

(4)

Variante 1

Modul 2
Variante 1

(4)

Herr Linder, zum Schluss damit ich mich optimal auf den Termin vorbereiten kann, habe ich noch drei Fragen, ist das OK?

(Klar doch.)

Wenn der Kunde Nein sagt, ist das kein Problem, dann klären Sie die Fragen beim Termin.

Wie viele Mitarbeiter beschäftigen Sie in Ihrem Unternehmen? Arbeiten Sie mit Windows oder Mac oder beidem? Was denken Sie Herr Linder, wer wird auch noch an unserem Termin dabei sein?

(Wir haben 36 Mitarbeiter, arbeiten mit Windows und ich nehme alleine am Termin teil.)

Je mehr Infos Sie haben, desto besser können Sie sich auf den Termin vorbereiten.

Danke.
Freue mich auf den Termin und bis bald.
Auf Wiedersehen Herr Linder

(Gleichfalls, auf Wiedersehen Herr Marti.)

Lassen Sie nun den Kunden aufzählen.

(E)

www.markuswaser.com

Modul 2
Variante 1

Wichtige Punkte für die Terminbestätigung.
Gelten für alle Varianten.

Modul 2
Variante 1

Bei der Terminbestätigung gibt es noch wichtige Punkte zu beachten:

Wenn Du die Terminbestätigung per Mail, SMS oder WhatsApp sendest, versehe sie immer mit Deiner digitalen Visitenkarte. Dein Kunde kann so Deine Koordinaten ganz einfach in sein Adressbuch einfügen

In der Signatur muss Dein Foto und deine Handynummer eingefügt sein.

Falls der Kunde den Termin per Post bestätigt haben möchte, sende den Brief mit einer herkömmlichen Briefmarke. „Emotionen"

Modul 2
Variante 2

Variante 2

Ich möchte ihr zusätzlicher Partner werden

Das Wort zusätzlich, ist sehr stark.

Denn so spürt der Kunde, ok Du möchtest nicht gleich alles an Dich reissen.

Versuche es und Du wirst merken wie mächtig das Wort zusätzlich ist.

Variante 2

Modul 2
Variante 2

(1)

Guten Tag Herr Linder, Solution AG aus Zürich, Marco Marti.

Guten Tag Herr Marti, wie kann ich Ihnen helfen?

Herr Linder, ich möchten Ihr zusätzlicher Partner im Bereich Digitalisierung werden und Sie als Kunden gewinnen.

Ja, wir haben schon einen Partner.

Danke, dass Sie so offen zu mir sind. Herr Linder, das ist auch der Grund weshalb ich Sie anrufe. Viele Unternehmen nutzen unsere Dienstleistung in Ergänzung zu ihren bestehenden Partnern.

Ja, was meinen Sie damit genau?

(2)

Deine Notizen zur Variante

Modul 2
Variante 2

Variante 2

(2)

Herr Linder, wenn Sie und Ihre Mitarbeiter an das Thema Digitalisierung denken, welches spezifische Thema beschäftigt Sie am meisten?

Wissen Sie Herr Marti, das sind einige Punkte...

Das sind viele Punkte die Sie mir da aufzählen. Welcher Punkt ist Ihnen am wichtigsten?

Das sind eigentlich zwei Punkte. Stabilität der Systeme und den Support an Wochenenden.

Nur einmal angenommen, wir könnten Ihnen in diesen zwei Punkten zu Ihrem bestehenden Partner einen wirklichen Mehrwert bieten. Was würde das für Sie bedeuten?

Ja dann hätten wir ein grosses Problem gelöst.

(3)

Variante 2

Modul 2
Variante 2

(3)

Herr Linder, schauen wir dies einmal im Detail an.

Wie sieht es aus bei Ihnen am Donnerstag, 14.00 Uhr oder Freitag, 10.00 Uhr?

Wie möchten Sie den Termin bestätigt haben per Mail, SMS, WhatsApp oder per Post.

(4)

OK.

Donnerstag, 14.00 Uhr ist perfekt.

Bitte gleich per Mail-Einladung.

MARKUS WASER
VISUALIZE YOUR SALE

Modul 2
Variante 2

Variante 2

(4)

Herr Linder, zum Schluss damit ich mich optimal auf den Termin vorbereiten kann, habe ich noch vier Fragen, ist das OK?

Klar doch.

Wie viele Mitarbeiter beschäftigen Sie in Ihrem Unternehmen? Arbeiten Sie mit Windows oder Mac oder beidem? Was denken Sie Herr Linder, wer wird auch noch bei unserem Termin dabei sein? Letzte Frage, darf ich fragen mit welchem Unternehmen arbeiten Sie zur Zeit zusammen?

Wir haben 36 Mitarbeiter und arbeiten mit Windows.
Am Termin werden wir zu zweit sein.
Wir arbeiten mit Axenon Solutions zusammen.

Danke für die Infos.
Könnten Sie mir bitte noch den Vor- und Nachnamen und die Funktion der zweiten Person nennen?

Das ist der
Herr Wolke Cloud,
mein Geschäftspartner.

(5)

Variante 2

Modul 2
Variante 2

(5)

Herr Linder, soll ich
Herrn Cloud auch gleich
die Einladung zustellen?

Nein, das werde ich
gerne selber erledigen.

Gut, dann freue ich mich auf den
Donnerstag, 14.00 Uhr.

Danke gleichfalls und
bis bald.

(E)

Deine Notizen zur Variante
_____
_____
_____
_____
_____
_____
_____
_____
_____
_____

Modul 2
Variante 3

Variante 3

Gezieltere Kundenergründung und Wünsche wecken.

Was ist Ihnen bei einem zusätzlichen Partner persönlich wichtig?

MARKUS WASER®
VISUALIZE YOUR SALE

Variante 3

Modul 2
Variante 3

(1)

Guten Tag Herr Linder, Solution AG aus Zürich, Marco Marti.

Guten Tag Herr Marti, wie kann ich Ihnen helfen?

Herr Linder, es geht um den Bereich Digitalisierung.
Ich möchte Ihr zusätzlichen Partner im Bereich Digitalisierung sein und Sie als Kunden gewinnen.
Aber nur, wenn es für Sie einen wirklichen Mehrwert bringt.
Dazu möchte ich Ihnen zwei Fragen stellen, ist das OK?

Ja ist ok, aber wir haben schon eine gute Zusammenarbeit.

Danke, dass Sie so offen zu mir sind. Herr Linder, was haben Sie im Bereich Digitalisierung in Ihrem Unternehmen schon unternommen und welche spezifischen Themen beschäftigen Sie am meisten?

Ja.....

(2)

Sales Cards©   www.markuswaser.com

Modul 2
Variante 3

Variante 3

Wissen Sie Herr Marti, das sind einige Punkte...

Ich merke Herr Linder, Sie haben sich mit dem Thema schon sehr intensiv auseinander gesetzt. Welche von den genannten Punkten sind Ihnen am wichtigsten?

Das sind zwei Punkte. Stabilität der Systeme und den Support an Wochenenden.

Bezogen auf Sie persönlich Herr Linder, was ist Ihnen da noch wichtig?

Einfach mal einen Partner zu haben bei dem die Mitarbeiter nicht dauernd wechseln.

Variante 3

Modul 2
Variante 3

(3)

Danke Herr Linder,
Sie haben mir nun einige Informationen gegeben.
Gibt es noch einen Punkt, den wir noch nicht besprochen haben?

Nein, ich habe Ihnen alle Punkte aufgezählt

Das heisst, wenn ich Ihnen einen Mehrwert zu den von Ihnen aufgezählten Punkten in Ergänzung zu Ihrem bestehenden Partner biete, dann schauen Sie mein Produkt an?

Ja dann schon.

Anhand Ihrer Antworten denke ich, dass sich eine Zusammenarbeit für Sie lohnen wird. Damit wir die 100 % Sicherheit haben, lassen Sie uns das an einem gemeinsamen Termin herausfinden.

(4)

Variante 3

Modul 2
Variante 3

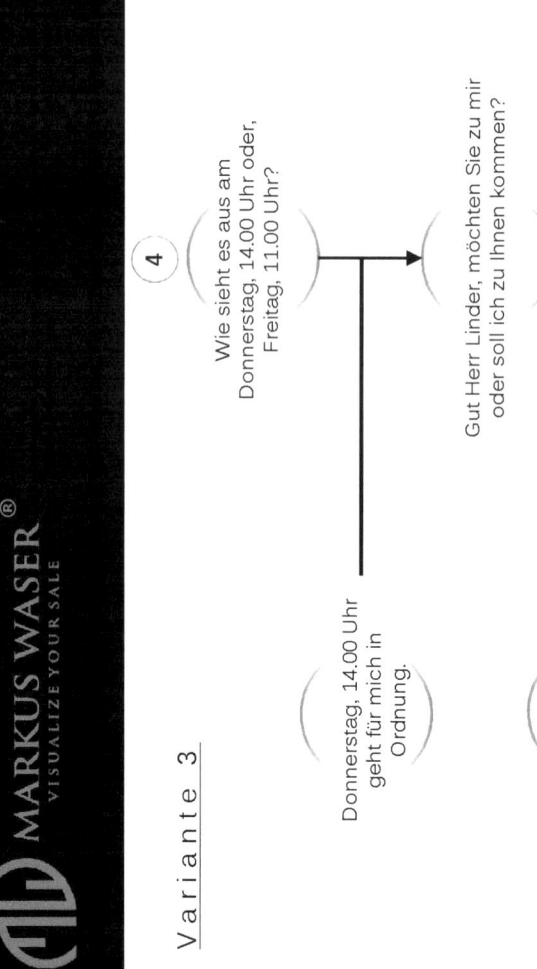

Deine Notizen zur Variante

Modul 2
Variante 3

Variante 3

(5)

Herr Linder, zum Schluss damit ich mich optimal auf den Termin vorbereiten kann, habe ich noch vier Fragen, ist das OK?

(Klar doch.)

Wie viele Mitarbeiter beschäftigen Sie in Ihrem Unternehmen?
Arbeiten Sie mit Windows oder Mac oder beidem? Was denken Sie Herr Linder, wer wird auch noch an diesem Termin dabei sein?
Letzte Frage, darf ich fragen mit welchem Unternehmen arbeiten Sie zur Zeit zusammen?

(Wir haben 36 Mitarbeiter und arbeiten mit Windows.
Am Termin werden wir zu zweit sein.
Wir arbeiten mit Axenon Solutions zusammen.)

Danke für die Infos
Könnten Sie mir bitte noch den Vor- und Nachnamen und die Funktion der zweiten Person nennen.

(Das ist der
Herr Wolke Cloud,
mein Geschäftspartner.)

(6)

Sales Cards© www.markuswaser.com

Variante 3

Modul 2
Variante 3

(6)
Herr Linder, soll ich Herrn Cloud auch gleich die Einladung zustellen?

(Nein, das werde ich gerne selber erledigen.)

(Gut, dann freue ich mich auf den Donnerstag, 14.00 Uhr.)

(Danke, gleichfalls und bis bald.)

(E)

Deine Notizen zur Variante

Modul 2
Variante 4

Variante 4

Der Kunde sagt nein und Du musst zurück in die Kundenergründung.

Variante 4

Modul 2
Variante 4

(1)

Guten Tag Herr Linder,
Solution AG aus Zürich,
Marco Marti.

Guten Tag Herr Marti,
wie kann ich Ihnen
helfen?

Herr Linder,
ich möchten Ihr zusätzlicher Partner im Bereich Digitalisierung sein
und Sie als Kunden gewinnen.

Wir haben schon
einen Partner.

Danke, dass Sie so offen zu mir sind, Herr Linder, das ist
auch der Grund weshalb ich Sie anrufe.
Viele Unternehmen nutzen unsere Dienstleistung in
Ergänzung zu ihrem bestehenden Partner.

Was meinen Sie
damit genau?

(2)

Deine Notizen zur Variante
_____
_____
_____
_____
_____
_____
_____
_____
_____
_____
_____
_____

Variante 4

Modul 2
Variante 4

(2)

Herr Linder, wenn Sie und Ihre Mitarbeiter an das Thema Digitalisierung denken, welches spezifische Thema beschäftigt Sie am meisten?

Das sind viele Punkte die Sie mir da aufzählen. Welcher Punkt ist Ihnen am wichtigsten?

Nur einmal angenommen, wir könnten Ihnen in diesen zwei Punkten zu Ihrem bestehenden Partner einen wirklichen Mehrwert bieten. Was würde das für Sie bedeuten?

(3)

(Wissen Sie Herr Marti, das sind einige Punkte ....)

(Das sind zwei Punkte. Stabilität der Systeme und den Support an Wochenenden.)

(Wie schon gesagt wir haben schon einen guten Partner.)

Sales Cards ©   www.markuswaser.com

Variante 4

③

Herr Linder Hand aufs Herz. Sie denken jetzt sicher, ach nicht schon wieder einer der mir etwas verkaufen will?

Ja genau, so ist es und ich habe einfach keine Lust mehr mit allen zu sprechen.

Ja, ich kann Sie gut verstehen. Eine letzte Frage habe ich noch, ist das ok? Was müsste ich Ihnen und Ihrem Unternehmen im Bereich Digitalisierung für einen wirklichen Mehrwert bieten und was ist Ihnen persönlich dabei wichtig?

Einfach mal einen Partner zu haben bei dem die Angestellten nicht dauernd wechseln.

④

Modul 2
Variante 4

Variante 4

Modul 2
Variante 4

(4)

Anhand Ihrer Wünsche denke ich, dass sich eine Zusammenarbeit für Sie lohnen kann. Damit wir die 100 % Sicherheit haben, lassen Sie uns das an einem gemeinsamen Termin herausfinden?

(OK)

(Wie sieht es aus am Donnerstag, 14.00 Uhr oder Freitag, 10.00 Uhr?)

(Donnerstag, 14.00 Uhr ist ok.)

(5)

Deine Notizen zur Variante
_____
_____
_____
_____
_____
_____
_____
_____
_____

Modul 2
Variante 4

Variante 4

(5)

Herr Linder, zum Schluss damit ich mich optimal auf den Termin vorbereiten kann, habe ich noch vier Fragen, ist das OK?

(Klar doch.)

Wie viele Mitarbeiter beschäftigen Sie in Ihrem Unternehmen?
Arbeiten Sie mit Windows oder Mac oder beidem?
Was denken Sie Herr Linder, wer wird auch noch an diesem Termin dabei sein?
Letzte Frage, darf ich fragen mit welchem Unternehmen arbeiten Sie zur Zeit zusammen?

(Wir haben 36 Mitarbeiter und arbeiten mit Windows.
Am Termin werden wir zu zweit sein.
Wir arbeiten mit Axenon Solutions zusammen.)

Danke für die Infos.
Könnten Sie mir bitte noch den Vor- und Nachnamen und die Funktion der zweiten Person nennen?

(Das ist der Herr Wolke Cloud, mein Geschäftspartner.)

(6)

Variante 4

Modul 2
Variante 4

6

Herr Linder, soll ich Herrn Cloud auch gleich die Einladung zustellen?

Nein, das werde ich gerne selber erledigen.

Gut, dann freue ich mich auf den Donnerstag, 14.00 Uhr.

Danke gleichfalls und bis bald.

E

Deine Notizen zur Variante

Modul 2
Variante 5

Variante 5

Der Kunde sagt wiederholt nein und Du musst zurück in die Kundenergründung.

Variante 5

Modul 2
Variante 5

(1)

Guten Tag Herr Linder,
Solution AG aus Zürich,
Marco Marti.

Guten Tag Herr Marti,
wie kann ich Ihnen
helfen?

Herr Linder,
ich möchten Ihr zusätzlicher Partner im Bereich Digitalisierung sein
und Sie als Kunden gewinnen.

Ja, wir haben schon
einen Partner.

Danke, dass Sie so offen zu mir sind, Herr Linder, das ist auch
der Grund weshalb ich Sie anrufe.
Viele Unternehmen nutzen unsere Dienstleistung in
Ergänzung zu ihrem bestehenden Partner.

(2)

Sales Cards©

www.markuswaser.com

Modul 2
Variante 5

Variante 5

②

Wissen Sie Herr Marti, ich habe Ihnen gesagt, dass ich kein Bedarf habe.

Herr Linder Hand aufs Herz. Sie denken jetzt sicher, nicht schon wieder einer der mir etwas verkaufen will?

Ja, genau so ist es und ich habe einfach keine Lust mit allen zu sprechen.

Ja, ich kann Sie gut verstehen, was müsste ich Ihnen und Ihrem Unternehmen im Bereich Digitalisierung für einen Mehrwert bieten und was ist Ihnen dabei wichtig?

③

Ich habe Ihnen gesagt, dass wir zurzeit keinen Bedarf haben.

Variante 5

Modul 2
Variante 5

③

Mhm... Okay, eine letzte Frage habe ich noch.
Nennen Sie mir einen Punkt, denn Sie persönlich in Ihrem Unternehmen längst im Bereich Digitalisierung verbessern möchten. Welcher Punkt is

Ja, ein Punkt beschäftigt mich schon lange.

Darf ich fragen, um welchen Punkt es sich hierbei handelt?

Es handelt sich um den Bereich Cloud.

Was genau meinen Sie mit dem Bereich Cloud?

Es ist ein Dauerbrenner bei uns.

④

Deine Notizen zur Variante
_____
_____
_____
_____
_____
_____
_____
_____
_____

Variante 5

Modul 2
Variante 5

(4)

Herr Linder, ich Danke Ihnen für Ihre Offenheit und Ihre genaue Auskunft. Lassen Sie uns den Bereich Cloud zusammen ansehen und finden Sie bei einem gemeinsamen Gespräch heraus ob wir Ihnen, als zusätzlicher Partner einen wirklichen Mehrwert bieten können?

Wie sieht es aus bei Ihnen am nächsten Montag, 10.00 Uhr, Mittwoch, 14.00 oder lieber Freitag um 10.00 Uhr?

Freitag, 10.00 Uhr ist ok.

Wie wünschen Sie den Termin bestätigt per Mail, SMS, WhatsApp, Mail oder Post?

Bitte per Post.

(5)

Variante 5

Modul 2
Variante 5

⑤

Herr Linder, zum Schluss damit ich mich optimal auf den Termin vorbereiten kann, habe ich noch vier Fragen, ist das OK?

(Klar doch.)

Wie viele Mitarbeiter beschäftigen Sie in Ihrem Unternehmen?
Arbeiten Sie mit Windows oder Mac oder beidem?
Was denken Sie Herr Linder, wer wird auch noch an diesem Termin dabei sein?
Letzte Frage, darf ich fragen mit welchem Unternehmen arbeiten Sie zur Zeit zusammen?

(Wir haben 36 Mitarbeiter und arbeiten mit Windows.
Am Termin werden wir zu zweit sein.
Wir arbeiten mit Axenon Solutions zusammen.)

Danke für die Infos.
Könnten Sie mir bitte noch den Vor- und Nachnamen und die Funktion der zweiten Person nennen?

(Das ist der
Herr Wolke Cloud, mein
Geschäftspartner.)

⑥

Sales Cards© www.markuswaser.com

Variante 5

Modul 2
Variante 5

(7)

Herr Linder, soll ich
Herrn Cloud auch gleich
die Einladung zustellen?

Nein, das werde ich
gerne selber erledigen.

Gut, dann freue ich mich auf den
Donnerstag, 14.00 Uhr.

Danke gleichfalls und
bis bald.

(E)

Deine Notizen zur Variante

Modul 2
Variante 6

Variante 6

Du bringst den Einwand selber.

Variante 6

Modul 2
Variante 6

(1)

Guten Tag Herr Linder, Solution AG aus Zürich, Marco Marti.

Guten Tag Herr Marti, wie kann ich Ihnen helfen?

Herr Linder, es geht um den Bereich Digitalisierung und ich nehme an Sie haben bereits schon einen guten Partner.

Ja aber sicher.

Danke, dass Sie so offen zu mir sind. Herr Linder, gerade im Bereich Digitalisierung ist es sehr wichtig einen zuverlässigen Partner zu haben.

Ja so ist es ….

(2)

Variante 6

Modul 2
Variante 6

(2)

Herr Linder, wenn Sie an den Bereich Digitalisierung denken, und an alle Personen die damit arbeiten, was ist diesen Personen und im speziellen Ihnen dabei wichtig?

Wissen Sie Herr Marti, das sind verschiedene Punkte...

Herr Linder, das sind sehr viele verschiedene Punkte, sehr interessant. Welcher von Ihnen genannter Punkt ist Ihnen den am wichtigsten?

Datensicherheit

Was genau meinen Sie mit der Datensicherheit?

(3)

Wissen Sie es ist eben so...

Variante 6

Modul 2
Variante 6

Ich kann Sie nun gut verstehen. Lassen Sie uns dieses wichtige Thema, Datensicherheit, zusammen genauer anschauen.

③

Wie sieht es aus bei Ihnen am Montag, Mittwoch oder Freitag 10.00 Uhr?

Freitag ist ok.

Freitag, wie soll ich Ihnen den Termin bestätigen. Per Mail, SMS, WhatsApp oder lieber per Post?

Per Post.

④

Deine Notizen zur Variante

Variante 6

Modul 2
Variante 6

(4)

Herr Linder, zum Schluss noch vier kurze Fragen, damit ich mich optimal auf den Termin vorbereiten kann, ist das OK für Sie?

(Ja.)

Mit welchem Betriebssystem arbeiten Sie? Wie viele Mitarbeiter beschäftigen Sie in Ihrem Betrieb? Können Sie mir bitte den Partner nennen, mit welchem Sie aktuell zusammenarbeiten? Wer wird auch noch an diesem Termin dabei sein?

(Wir arbeiten mit Mac und wir sind 50 Mitarbeiter.
Aktuell arbeiten wir mit
Axeon Solutions zusammen.
Ich werde alleine am Termin teilnehmen.)

Freue mich auf den Termin.

(E)

Modul 2
Variante 6

T i p p

Wer müsste auch noch am Termin dabei sein?

Baue diese Frage generell bei jedem Gespräch ein, denn diese Frage ist enorm wichtig. Dadurch ersparst Du Dir sehr viel Zeit weil Du alle Entscheider sofort an den Tisch bekommst.

Modul 2
Variante 7

Variante 7

Erzeuge Spannung und wecke die Neugier beim Kunden

Modul 2
Variante 7

Tipp

Nenne am Telefon immer Deinen Vor- und Nachnamen, deinen Unternehmensnamen und den Standort Deines Unternehmens. Gerade wenn Deine Kunden in der Nähe sind verspüren sie dadurch sofort Vertrautheit und Du hast es dadurch viel einfacher.

Auch wenn der angerufene Kunde nicht in Deiner Nähe ist, weiss er zumindest von wo Du anrufst und das gibt wiederum Vertrauen.

Versuche es und Du wirst sehen wie deine Akquise dadurch massiv einfacher wird.

Variante 7

Modul 2
Variante 7

(1)

Guten Tag Herr Linder, Solution AG aus Zürich, Marco Marti.

Guten Tag Herr Marti.

Herr Linder, es geht um den Bereich Digitalisierung und ich möchte Ihr zusätzlicher Partner sein und Sie als Kunden gewinnen.

Ja, wir haben schon seit über 20 Jahren den gleichen Partner und der ist gut.

Danke, das Sie so offen und ehrlich zu mir sind. Sie fragen sich sicher, was habe ich in Ergänzung zu Ihrem bestehenden Partner für Sie interessantes, was Ihnen einen wirklichen Mehrwert bietet.

Ja da bin ich aber gespannt.

(2)

Variante 7

Modul 2
Variante 7

Haben Sie schon einmal was von Nestic Solution gehört?

(2)

Ja habe ich schon einmal gehört.

Herr Linder, wenden Sie dies erfolgreich bei Ihnen in Ihrem Betrieb auch schon an?

Nein noch nicht.

Lassen Sie uns das gemeinsam ansehen, Sie werden begeistert sein. Wie sieht es aus am Montag, Mittwoch oder Freitag um 14.00 Uhr?

Freitag ist ok.

(3)

Deine Notizen zur Variante

Variante 7

Modul 2
Variante 7

(3)

OK Freitag, wie soll ich Ihnen den Termin bestätigen. Per Mail, SMS, WhatsApp oder lieber per Post?

(Per Mail bitte.)

Gut, an welche E-Mailadresse darf ich Ihnen die Bestätigung zustellen?

(fabio.linder@digital.com)

Herr Linder, geben Sie mir bitte noch Ihre Handynummer für den Fall der Fälle, wenn etwas dazwischen kommen würde?

(Gerne, anbei meine Nummer.....)

(4)

Modul 2
Variante 7

Variante 7

(4)

Herr Linder zum Schluss damit ich mich optimal auf den Termin vorbereiten kann, habe ich noch vier Fragen, ist das OK?

Klar doch.

Wie viele Mitarbeiter beschäftigen Sie in Ihrem Unternehmen? Arbeiten Sie mit Windows oder Mac oder beidem? Was denken Sie Herr Linder, wer wird auch noch an diesem Termin dabei sein? Letzte Frage, darf ich fragen mit welchem Unternehmen arbeiten Sie zur Zeit zusammen?

Wir haben 36 Mitarbeiter und arbeiten mit Windows.
Am Termin werden wir zu zweit sein.
Wir arbeiten mit Axenon Solutions zusammen.

Danke für die Infos.
Könnten Sie mir bitte noch den Vor- und Nachnamen und die Funktion der zweiten Person nennen?

Das ist der
Herr Wolke Cloud,
mein Geschäftspartner.

(5)

Variante 7

Modul 2
Variante 7

(5)
Herr Linder, soll ich Herrn Cloud auch gleich die Einladung zustellen?

Nein, das werde ich gerne selber erledigen.

Gut, dann freue ich mich auf den Donnerstag, 14.00 Uhr.

Danke, gleichfalls und bis bald.

(E)

Deine Notizen zur Variante

Modul 2
Variante 7

Tipps

Aus über hunderten von Telefonaten haben wir die Erfahrung gemacht, dass ab vier Fragen der Neukunde sich nicht mehr wirklich wohl fühlt.

Bei bestehend Kunden können Sie unendlich viele Fragen stellen, der Kunde gibt Ihnen praktisch alle Infos am Telefon.

Modul 2
Variante 7

Tipp

Terminbestätigung sollte dynamisch sein und nicht einfach nur:

Gemäss Besprechung sende ich Ihnen gerne die Terminbestätigung.

Modul 2
Variante 7

Mustertermin bestätigung

Sehr geehrter Herr Linder

Bald ist es soweit. Sie sind sicher schon gespannt, wie einfach es sein kann in Zukunft noch erfolgreicher die Digitalisierung voran zubringen.

Alle Informationen im Überblick:
Donnerstag, 17. November 20.. | 10.00 - 12.00 Uhr
Bei Ihnen an der Seestrasse 101 CH-8000 Zürich

Ich freue mich auf einen spannenden und inspirierenden Austausch mit Ihnen.

Erfolgreiche Grüsse
Marco Marti

Solution AG
Alte Landstrasse 413 || CH-8708 Männedorf | Zürich, Switzerland
Tel. +41 44 921 20 20 || Fax. +41 44 921 20 29 || Mobile + 41 78 904 50 67
lp@solution.ch || www.solution.com

Modul 2
Variante 8

Variante 8

Es ist klar, das Sie nur einen Termin abmachen, wenn es sich für Sie lohnt.

Variante 8

Modul 2
Variante 8

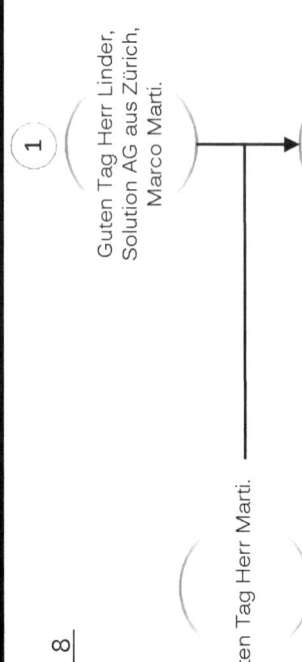

Guten Tag Herr Linder, Solution AG aus Zürich, Marco Marti.

Guten Tag Herr Marti.

Herr Linder, es geht um den Bereich Digitalisierung und ich nehme an Sie haben bereits schon einen guten Partner.

Ja genau.

Danke, dass Sie so offen zu mir sind. Ja dann ist es sicher nur möglich, dass wir ins Geschäft kommen, wenn ich Ihnen einen wirklichen Mehrwert biete, oder?

Ja ganz genau und das wird schwierig.

Ja dann ist es sicher nur möglich, dass wir ins Geschäft kommen, wenn ich Ihnen einen wirklich Mehrwert biete, der Sie aus den Socken haut oder?
Sind Sie flexibel und bringen Sie den Kunden zum Lachen, denn dann haben Sie es sehr einfach.

Modul 2
Variante 8

Variante 8

Herr Linder, wenn Sie an den Bereich Digitalisierung denken, und an alle Personen die damit arbeiten, was müssten wir den Mitarbeitern und Ihnen für einen Mehrwert bieten?

(2)

Wissen Sie Herr Marti das sind verschiedene Punkte...

Herr Linder, das sind viele Punkte, sehr interessant. Welcher von Ihnen genannter Punkte ist Ihnen den am wichtigsten?

Datensicherheit

Was genau meinen Sie mit der Datensicherheit?

Wissen Sie es ist eben so.

(3)

Variante 8

Modul 2
Variante 8

3

Ich kann Sie nun gut verstehen. Lassen wir uns das doch gemeinsam genauer ansehen.

Wie sieht es aus bei Ihnen am Montag, Mittwoch oder Freitag 10.00 Uhr?

Freitag ist ok.

OK Freitag, wie soll ich Ihnen den Termin bestätigen. Per Mail, SMS, WhatsApp oder lieber per Post?

Per Post

4

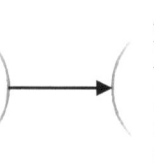

Deine Notizen zur Variante

_____
_____
_____
_____
_____
_____
_____
_____

Variante 8

Modul 2
Variante 8

④

Herr Linder, zum Schluss damit ich mich optimal auf den Termin vorbereiten kann, habe ich noch vier Fragen, ist das OK?

(Klar doch.)

Wie viele Mitarbeiter beschäftigen Sie in Ihrem Unternehmen?
Arbeiten Sie mit Windows oder Mac oder beidem?
Was denken Sie Herr Linder, wer wird auch noch an diesem Termin dabei sein?
Letzte Frage, darf ich fragen mit welchem Unternehmen arbeiten Sie zur Zeit zusammen?

(Wir haben 36 Mitarbeiter und arbeiten mit Windows.
Am Termin werden wir zu zweit sein.
Wir arbeiten mit Axenon Solutions zusammen)

Danke für die Infos.
Könnten Sie mir bitte noch den Vor- und Nachnamen und die Funktion der zweiten Person nennen?

(Das ist
Herr Wolke Cloud,
mein Geschäftspartner.)

⑤

Variante 8

Modul 2
Variante 8

Herr Linder, soll ich Herrn Cloud auch gleich die Einladung zustellen?

Nein das werde ich gerne selber erledigen.

Gut, dann freue ich mich auf den Donnerstag, 14.00 Uhr?

Danke gleichfalls und bis bald.

Deine Notizen zur Variante

Modul 2
Variante 8

Tipp

Fange an Spass zu haben und sei ganz locker am Telefon.

Der Kunde wird es Dir danken, indem er auf der anderen Seite lacht.

Wenn der Kunde anfängt zu lachen, dann wird das Gespräch sehr einfach im weitern Verlauf.

Modul 2
Variante 8

T i p p

Wenn Du mit dem Kunden sprichst solltest Du immer wieder Kontrollfragen stellen.

Du musst die Antworten deiner Kunden hinterfragen, wenn Du sie nicht wirklich genau verstanden hast, denn sonst entstehen Missverständnisse.

«Das habe ich jetzt nicht richtig verstanden, was genau meinen Sie damit?»

Und zum Schluss die Kontrollfragen

Ist das ok für Sie?

Stimmt das so für Sie?

Sind Sie damit einverstanden?

Sollen wir es so machen?

Stimmen Sie mir zu?

Finden Sie das so angemessen?

Finden Sie das gut?

Wie klingt das für Sie? Wie fühlt sich das an? Wie klingt das in Ihren Ohren?

Modul 2
Variante 9

Variante 9

Spezial Thema ansprechen.

Modul 2
Variante 9

Variante 9

(1)

Guten Tag Herr Linder, Solution AG aus Zürich, Marco Marti am Telefon.

Guten Tag Herr Marti.

Herr Linder es geht um den Bereich Digitalisierung und ich möchte Ihr zusätzliche Partner sein und Sie als Kunden gewinnen?

In diesem Bereich sind wir gut abgedeckt.

Danke, dass Sie so offen zu mir sind. Viele Unternehmen in Ihrer Branche nutzen uns in Ergänzung mit ganz speziellen Themen und Anforderungen zu Ihrem bestehenden Partner. Sie haben festgestellt, dass Sie so einen grossen Mehrwert erzielen.
Meine Frage an Sie, an welches spezielles Thema denken Sie gerade im Bereich Digitalisierung?

Ich habe Ihnen ja gesagt wir haben schon einen guten Partner.

(2)

Variante 9

Modul 2
Variante 9

(2)

Herr Linder, ich habe noch eine Frage, ist das ok?

Ja und die wäre?

Wenn es einen Punkt in Ihrem Unternehmen gibt im Bereich Digitalisierung den Sie schon lange verbessern möchten den Sie und alle Mitarbeiter auch immer wieder ansprechen. Welcher Punkt ist das?

Datensicherheit

Was genau meinen Sie mit der Datensicherheit?

Wissen Sie es ist eben so...

(3)

Variante 9

Modul 2
Variante 9

(3)

Ich kann Sie nun gut verstehen. Lassen wir uns das doch gemeinsam etwas genauer ansehen. Ich lade Sie ein zu einem Mittagessen und dabei besprechen wir dieses wichtige Thema.

Wie sieht es aus bei Ihnen am Montag, Mittwoch oder Freitag?

(Freitag ist ok.)

Freitag, wie soll ich Ihnen den Termin bestätigen. Per Mail, SMS, WhatsApp oder lieber per Post?

(Per Mail.)

(4)

Lade Deine potentiellen Kunden zum Essen ein anstelle, dass Du einen Termin vereinbarst. Diese Methode funktioniert fast immer.

Modul 2
Variante 9

Variante 9

(4)

Herr Linder, zum Schluss damit ich mich optimal auf den Termin vorbereiten kann, habe ich noch vier Fragen, ist das OK?

(Klar doch.)

Wie viele Mitarbeiter beschäftigen Sie in Ihrem Unternehmen?
Arbeiten Sie mit Windows oder Mac oder beidem?
Was denken Sie Herr Linder, wer wird an unserem gemeinsamen Essen auch noch dabei sein?
Letzte Frage, darf ich fragen mit welchem Unternehmen arbeiten Sie zur Zeit zusammen?

Wir haben 36 Mitarbeiter und arbeiten mit Windows.
Am Termin werden wir zu zweit sein.
Wir arbeiten mit Axenon Solutions zusammen.

Danke für die Infos.
Könnten Sie mir bitte den Vor- und Nachnamen und die Funktion Ihrer Begleitperson nennen?

(Das ist der Herr Wolke Cloud, mein Geschäftspartner.)

(5)

Variante 9

Modul 2
Variante 9

(5)

Herr Linder, soll ich Herr Cloud auch gleich die Einladung zustellen?

Nein das werde ich gerne selber erledigen.

Gut dann freue ich mich auf den Freitag und ich gebe Ihnen gerne noch die Reservation durch.

Danke gleichfalls und bis bald.

(E)

Deine Notizen zur Variante
_____
_____
_____
_____
_____
_____
_____
_____
_____

Modul 2
Variante 10

Variante 10

Sie profitieren zweifach.

MARKUS WASER®
VISUALIZE YOUR SALE

Modul 2
Variante 10

Variante 10

Guten Tag Herr Linder,
Solution AG aus Zürich,
Marco Marti.

(1)

Herr Linder es geht um den Bereich Digitalisierung und ich möchte Ihr zusätzliche Partner sein und Sie als Kunden gewinnen?

Danke Herr Linder, dass Sie so offen kommunizieren. In diesem Fall profitieren Sie ja zweifach. Erstens erfahren Sie, was es neues am Markt gibt, oder Sie bekommen die Bestätigung, dass Sie schon für Ihr Unternehmen bereits das passende Angebot besitzen.

(2)

Guten Tag Herr Marti.

Wir sind schon gut versorgt

Variante 10

Modul 2
Variante 10

(2)

Lassen Sie uns das doch herausfinden, wie sieht es aus am nächsten Montag, Dienstag oder Freitag?

(Ich habe kein Interesse.)

Herr Linder, Hand aufs Herz. Sie denken jetzt sicher, nicht schon wieder einer der mir etwas verkaufen will.

(Ja genau, so ist es und ich habe keine Lust mehr mit allen zu sprechen.)

Ich kann Sie gut verstehen. Eine letzte Frage habe ich noch, ist das ok? Was müsste ich Ihnen und Ihrem Unternehmen im Bereich Digitalisierung für einen wirklichen Mehrwert bieten und was ist Ihnen persönlich dabei wichtig?

(Einfach mal einen Partner zu haben bei dem die Angestellten nicht dauernd wechseln.)

(3)

Variante 10

Modul 2
Variante 10

③

Ich kann Sie nun gut verstehen. Lassen wir uns das doch gemeinsam genauer ansehen.

Wie sieht es aus bei Ihnen am Montag, Mittwoch oder Freitag 10.00 Uhr.

Freitag ist ok.

OK Freitag, wie soll ich Ihnen den Termin bestätigen. Per Mail, SMS, WhatsApp oder lieber per Post?

Per Post

④

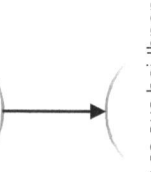

Deine Notizen zur Variante

Modul 2
Variante 10

Variante 10

(4)

Herr Linder, zum Schluss noch vier kurze Fragen, damit ich mich optimal auf den Termin vorbereiten kann, ist das OK für Sie?

(Ja.)

Mit welchem Betriebssystem arbeiten Sie? Wie viele Mitarbeiter beschäftigen Sie in Ihrem Betrieb? Können Sie mir den Partner nennen mit welchem Sie zusammenarbeiten? Wer müsste denn auch noch an diesem Termin dabei sein?

Wir arbeiten mit Mac, sind 20 Mitarbeiter und arbeiten mit Axenon Solutions zusammen. Ich werde alleine sein.

Danke, Herr Linder freue mich auf den Termin.

(E)

Modul 2
Variante 11

Variante 11

Ich habe Sie gesehen.

Modul 2
Variante 11

T i p p s

Seit Jahren fotografiere ich alle angeschriebenen Unternehmensautos, oder spreche den Namen der Unternehmen auf mein Diktafon (heute I Phone). So habe ich wöchentlich dutzende neue Adressen.

Auf jeder Baustelle sind die tätigen Unternehmer mit Namen, Person und Adresse, aufgelistet. Ich mache ein Foto und rufe danach diese Unternehmen an.

Bei jedem Besuch, Privatperson oder Unternehmen mache ich ein Foto der Haustürklingeln. So habe ich alle Namen der Personen die in diesem Mehrfamilienhaus wohnen. Wenn ich ein Unternehmensgebäude betrete sind alle anderen Unternehmen auch aufgelistet. Schnell ein Bild mit dem Handy und schon habe ich wieder einige gute Adressen.

Beim Termin kann ich das geschossene Foto gleich zeigen und den Kunden fragen: «Welcher von diesen Kunden denken Sie könnte auch von meiner Dienstleistung profitieren?» Der Kunde antwortet dann immer ehrlich und zeigt Dir die potentiellen und neuen Kunden auf. So gelangen Sie ganz einfach zu einer Weiterempfehlung.

MARKUS WASER®
VISUALIZE YOUR SALE

Modul 2
Variante 11

Variante 11

(1)

Guten Tag Herr Linder, Solution AG aus Zürich, Marco Marti.

Guten Tag Herr Marti.

Herr Linder, ich sehe Sie sehr oft auf der Autobahn, ich möchte Ihr zusätzlicher Partner sein im Bereich Digitalisierung und Sie als Kunden gewinnen.

Was wo haben Sie mich gesehen.

Ja Herr Linder, es freut mich einfach immer, wenn ich Ihre angeschriebenen Autos auf der Autobahn sehe und deshalb musste ich Sie einfach einmal anrufen.

(2)

Variante 11

Modul 2
Variante 11

② → (Ja Herr Linder, dem ist so. Ich nehme an, auch Sie werden sich mit dem Thema Digitalisierung schon sehr stark auseinander gesetzt haben?) → (Ja Herr Linder, ich merke Sie haben da eine wirklich gute Zusammenarbeit. Eine Frage habe ich noch an Sie, ist das ok so?) → ③

(Ja schön wenn wir positiv auffallen.)

(Ja genau, wir haben gerade jetzt unsere Verträge mit dem bestehenden Partner verlängert.)

(Ja gerne.)

Variante 11

Modul 2
Variante 11

③

Was ist der entscheidende Grund gewesen, weshalb Sie wieder mit dem gleichen Partner zusammenarbeiten?

Wir kennen uns nun schon lange und er kennt uns gut. Ja, wir verstehen uns einfach. Wir vertrauen uns gegenseitig.

Herr Linder, was müsste Ihnen ein zusätzliche Partner zu Ihrem bestehenden im Bereich Digitalisierung für einen Mehrwert bringen?

Ja, wissen Sie Herr Marti wie gesagt wir haben gerade die Verträge verlängert.

④

Modul 2
Variante 11

Variante 11

(4)

Herr Linder ich habe nur noch eine Frage?

Ja und die wäre?

Wenn es einen Punkt in Ihrem Unternehmen gibt im Bereich Digitalisierung den Sie schon lange verbessern möchten, den Sie und alle Mitarbeiter auch immer wieder ansprechen. Welcher Punkt ist das?

Datensicherheit

Was genau meinen Sie mit der Datensicherheit?

Wissen Sie es ist eben so...

(5)

Sales Cards©   www.markuswaser.com

Modul 2
Variante 11

Variante 11

(5)

Ich kann Sie nun gut verstehen. Lassen wir uns das doch genauer zusammen ansehen.

Wie sieht es aus bei Ihnen am Montag, Mittwoch oder Freitag 10.00 Uhr?

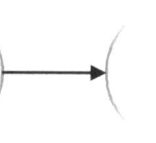

Freitag ist ok.

OK Freitag, wie soll ich Ihnen den Termin bestätigen. Per Mail, SMS, WhatsApp oder lieber per Post?

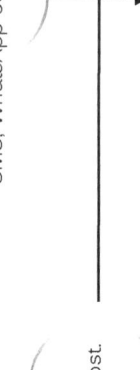

(6)

Per Post.

Variante 11

Modul 2
Variante 11

(6)

Herr Linder zum Schluss damit ich mich
optimal auf den Termin vorbereiten kann,
habe ich noch vier Fragen, ist das OK?

Klar doch.

Wie viele Mitarbeiter beschäftigen Sie in Ihrem Unternehmen?
Arbeiten Sie mit Windows oder Mac oder beidem?
Was denken Sie Herr Linder, wer wird an unserem gemeinsamen Termin auch noch dabei sein?
Letzte Frage, darf ich fragen mit welchem Unternehmen arbeiten Sie zur Zeit zusammen?

Wir haben 36 Mitarbeiter und arbeiten mit Windows.
Am Termin werden wir zu zweit sein.
Wir arbeiten mit Axenon Solutions zusammen.

Danke für die Infos.
Könnten Sie mir bitte noch den Vor- und Nachnamen und die
Funktion Ihrer Begleitperson nennen?

Das ist der
Herr Wolke Cloud,
mein Geschäftspartner.

(7)

Variante 11

Modul 2
Variante 11

⑦

Herr Linder, soll ich
Herrn Cloud auch gleich
die Einladung zustellen?

Nein, das werde ich
gerne selber erledigen.

Gut, dann freue ich mich auf den Freitag

Danke gleichfalls und
bis bald.

Ⓔ

Deine Notizen zur Variante
_____
_____
_____
_____
_____
_____
_____
_____
_____
_____

Modul 2
Variante 12

Variante 12

Senden Sie mir doch vorerst einmal ein paar Unterlagen.

Variante 12

Modul 2
Variante 12

1

Guten Tag Herr Linder, Solution AG aus Zürich, Marco Marti.

Guten Tag Herr Marti.

Ich möchte Ihr zusätzlicher Partner sein im Bereich Digitalisierung und Sie als Kunden gewinnen. Meine Frage an Sie was haben Sie denn da schon alles in diesem Bereich unternommen.

Wissen Sie das ist ein Dauerbrenner bei uns und wir haben da schon einen Partner das Unternehmen Axedos Solution und....

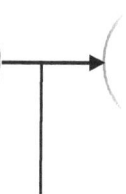

Danke Herr Linder das Sie so offen zu mir sind.

2

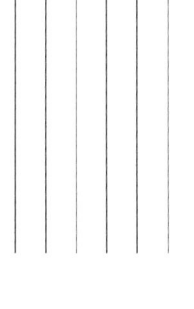

Deine Notizen zur Variante
_____
_____
_____
_____
_____
_____
_____
_____
_____
_____
_____

Variante 12

Modul 2
Variante 12

(2) → Ja, das ist genau der Grund, weshalb ich Sie anrufe, viele Unternehmen gerade in Ihrer Branche nutzen unsere Dienstleistung in Ergänzung zu Ihrem bestehenden Partner. → Herr Linder, ich merke Sie haben da eine wirklich gute Zusammenarbeit. Eine letzte Frage ist das OK? → (3)

Ja, wie gesagt wir haben da schon einen guten Partner.

Ja gerne.

Sales Cards©   www.markuswaser.com

Variante 12

Modul 2
Variante 12

③

Herr Linder, was gibt es bei Ihnen in Ihrem Unternehmen, wenn Sie an die Digitalisierung denken für ein Thema das Ihnen sowie allen Mitarbeitern schon lange ein Dorn im Auge ist?

Das ist eigentlich nur ein Punkt.

Herr Linder darf ich fragen, was Sie mit diesem einen Punkt meinen?

Ja Herr Marti, es handelt sich dabei um das Thema Cloud.

④

Variante 12

Modul 2
Variante 12

(4)

Herr Linder, was meinen Sie den da genau mit dem Thema Cloud?

Wir sind nicht sicher ob das mit unserem jetzigen Partner auch wirklich gut zu umzusetzen ist.

Ok Herr Linder, dann lassen wir uns doch dieses wichtige Thema zusammen ansehen und herausfinden, ob sich eine Zusammenarbeit für Sie lohnt. Nächsten Montag, Mittwoch oder Freitag um 9.00 Uhr? Soll ich zu Ihnen oder wollen Sie zu uns kommen?

(5)

Ja wissen Sie Herr Marti, senden Sie mir doch einfach einmal Ihre Unterlagen.

Modul 2
Variante 12

Variante 12

⑤

Herr Linder, sehr gerne somit können Sie sich vor dem Termin schon einmal über uns ein gutes Bild machen. An was genau haben Sie den gedacht, was ich Ihnen zukommen lassen soll?
Es ist mir wichtig, dass ich Ihnen auch die richtigen Unterlagen zustelle.

Ja, senden Sie mir einfach ein mal Ihre Unternehmenspräsentation und das über den Cloud zu.

Das mache ich sehr gerne, möchten Sie es per Post oder Mail, was ist Ihnen lieber?

Senden Sie es mir bitte per Mail.

An welche Email darf ich das senden?

info@solution.com

⑥

Es gibt Kunden und das merken Sie sofort am Telefon die sich wirklich für Sie und Ihr Produkt interessieren. Senden Sie diesen Kunden vorab die Unterlagen und fassen Sie nach.

Variante 12

Modul 2
Variante 12

⑥ → Gut Herr Linder werde ich Ihnen gerne zustellen.

→ Herr Linder bis wann denken Sie haben Sie die Dokumente angesehen?

(Nächsten zwei Wochen.)

→ Gut Herr Linder, dann werde ich Sie in zwei Wochen, am 15. Oktober anrufen.

(OK das ist gut.)

→ ⑦

Deine Notizen zur Variante

_____
_____
_____
_____
_____
_____
_____
_____
_____
_____

Variante 12

Modul 2
Variante 12

(7)

Danke Herr Linder für Ihr Interesse, bis zum nächsten mal am 15. Oktober.
Ich freue mich.

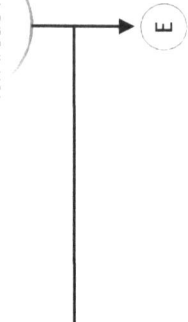

Ja gleichfalls.

(E)

Im Fall, das der Kunde auch wirklich Interesse zeigt, senden Sie immer Ihre Unterlagen auch per Post Häufig druckt der Kunde Ihre Unterlagen auf 80 Gramm Papier schwarz | weiss aus und überreicht sie so dem Geschäftspartner, Kollegen oder CEO. Es ist nicht das gleiche, wie wenn der Kunden einen Farbausdruck und Ihren schönen Prospekt in der Hand hält. Am besten senden Sie auch immer alles im Doppel so sind Sie sicher das Ihre Unterlagen nicht wieder auf 80 Gramm schwarz | weiss kopiert werden.

Wenn Sie wissen, das es mehrere Entscheider gibt, dann senden Sie es in der Anzahl der Entscheider.

Modul 2
Variante 13

Variante 13

Senden Sie mir doch vorerst einmal ein paar Unterlagen, wiederholter Einwand.

Variante 13

Modul 2
Variante 13

(1)

Guten Tag Herr Linder, Solution AG aus Zürich, Marco Marti.

Guten Tag Herr Marti.

Ich möchte Ihr zusätzlicher Partner sein im Bereich Digitalisierung und Sie als Kunden gewinnen.
Meine Frage an Sie, was haben Sie denn da schon alles in diesem Bereich unternommen?

Wissen Sie, das ist ein Dauerbrenner bei uns und wir haben da schon einen Partner das Unternehmen Axedos Solution und ...

Danke Herr Linder, das Sie so offen zu mir sind.

(2)

Variante 13

Modul 2
Variante 13

② → (Ja das ist genau der Grund, weshalb ich Sie anrufe. Viele Unternehmen gerade in Ihrer Branche nutzen unsere Dienstleistung in Ergänzung zu Ihrem bestehenden Partner.) → (Ja Herr Linder, ich merke Sie haben da eine wirklich gute Zusammenarbeit. Eine letzte Frage, ist das ok?) → ③

(Ja wie gesagt, wir haben da schon einen guten Partner.)

(Ja gerne.)

Deine Notizen zur Variante

_____
_____
_____
_____
_____
_____
_____
_____
_____

Sales Cards©   www.markuswaser.com

Modul 2
Variante 13

Variante 13

③

Herr Linder, was gibt es bei Ihnen in Ihrem Unternehmen, wenn Sie an die Digitalisierung denken für ein Thema das Ihnen sowie allen Mitarbeitern schon lange ein Dorn im Auge ist?

Das ist eigentlich nur ein Punkt.

Herr Linder darf ich fragen, was Sie mit diesem einen Punkt meinen?

④

Ja Herr Marti, es handelt sich dabei um das Thema Cloud.

Variante 13

Modul 2
Variante 13

(4)

Herr Linder, was meinen Sie den da genau mit dem Thema Cloud?

Wir sind nicht sicher, ob das mit unserem jetzigen Partner auch wirklich gut umzusetzen ist.

Herr Linder, dann lassen wir uns dieses wichtige Thema zusammen ansehen und herausfinden ob sich eine Zusammenarbeit für Sie lohnt. Nächsten Montag, Mittwoch oder Freitag um 09.00 Uhr, soll ich zu Ihnen oder wollen Sie zu uns kommen?

Ja wissen Sie Herr Marti, senden Sie mir doch einfach einmal Ihre Unterlagen.

(5)

Variante 13

Modul 2
Variante 13

Herr Linder, sehr gerne somit können Sie sich vor dem Termin schon einmal über uns ein Bild machen. An welche Unterlagen genau haben Sie den gedacht? Es ist mir wichtig, dass ich Ihnen auch die richtigen Unterlagen zustelle.

⑤

Ja senden Sie mir einfach einmal Ihre Unternehmenspräsentation und das über den Cloud.

Herr Linder ich werde Ihnen das heute noch zustellen. Wie hätten Sie denn gerne die Unterlagen. Per Mail oder doch lieber per Post?

Senden Sie es mir bitte per Mail.

An welche Email darf ich das senden?

⑥

info@solution.com

Deine Notizen zur Variante

Variante 13

Modul 2
Variante 13

(6)

Gut Herr Linder, werde ich Ihnen gerne zustellen. Was denken Sie bis wann haben Sie die Unterlagen angesehen?

Nächsten zwei Wochen.

Gut Herr Linder, das wäre dann Woche 23 vom 11. - 16. Um die Unterlagen gemeinsam zu besprechen, geht es Ihnen da Montag, Mittwoch oder Donnerstag 10.00 Uhr? Soll ich zu Ihnen kommen oder möchten Sie lieber zu uns in unser Showroom kommen und das alles gleich Live erleben?

Ich komme zu Ihnen am Donnerstag.

Gut Herr Linder, ich freue mich auf Sie. Denken Sie, Sie kommen alleine oder nehmen Sie noch jemanden mit?

Ich komme alleine.

(7)

Variante 13

Modul 2
Variante 13

Danke Herr Linder ich freue mich auf den Termin
Wie möchten Sie den Termin bestätigt?

(7)

Bitte per Mail

E

Da der Kunde nun zu Ihnen kommt, ist es wichtig, das Sie dem Kunden einen genauen Anfahrtsplan mit Fotos senden, auch wenn heute 95 % der Autos ein Navi besitzen. Mit einem Anfahrtsplan ist es einfacher Ihr Büro, Gebäude oder Werkstatt zu finden.

Folgende Fragen sollen Sie auf dem Anfahrtsplan gleich mitbeantworten: Wo kann der Kunde parkieren? Wo ist der Eingang? Wie sieht der Empfang aus? In welchem Stock des Gebäude befinden Sie sich?

Zur Terminbestätigung gehören:

- Terminbestätigung
- Anfahrtsplan | Auto | Bahn | Bus | Tram |
- Ihre Digitale Visitenkarte
- Ihr Absender ist mit Ihrer Mobilnummer und Ihrem Foto versehen

Sie machen den Unterschied.

Modul 2
Variante 14

Variante 14

Senden Sie mir doch vorerst einmal ein paar Unterlagen.

Einwand zwei Mal entkräften.

Variante 14

Modul 2
Variante 14

Deine Notizen zur Variante

(1)

Guten Tag Herr Linder, Solution AG aus Zürich, Marco Marti am Telefon.

Guten Tag Herr Marti.

Ich möchte Ihr zusätzlicher Partner im Bereich Digitalisierung sein und Sie als Kunden gewinnen. Meine Frage an Sie, was haben Sie denn da schon alles in diesem Bereich unternommen?

Wissen Sie das ist ein Dauerbrenner bei uns und wir haben da schon einen Partner das Unternehmen Axedos Solution und …

Danke Herr Linder das Sie so offen zu mir sind.

(2)

Variante 14

Modul 2
Variante 14

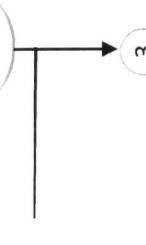

(2) → Ja, das ist genau der Grund, weshalb ich Sie anrufe, viele Unternehmen gerade in Ihrer Branche nutzen unsere Dienstleistung in Ergänzung zu Ihrem bestehenden Partner. → Herr Linder, ich merke Sie haben da eine wirklich gute Zusammenarbeit. Darf ich Ihnen eine letzte Frage stellen? → (3)

Ja wie gesagt, wir haben da schon einen guten Partner.

Ja gerne.

Variante 14

Modul 2
Variante 14

(3)

Herr Linder, was gibt es bei Ihnen in Ihrem Unternehmen, wenn Sie an die Digitalisierung denken für ein Thema, das Ihnen sowie allen Mitarbeitern schon lange ein Dorn im Auge ist?

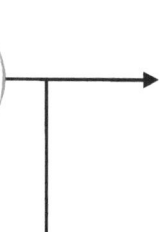

Das ist eigentlich nur ein Punkt.

Herr Linder darf ich fragen, was Sie mit diesem einen Punkt meinen?

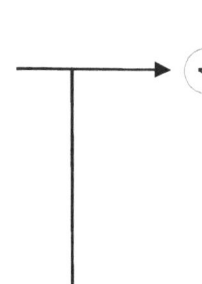

Herr Marti es handelt Sich dabei um das Thema Cloud.

(4)

Modul 2
Variante 14

Variante 14

④ Herr Linder was meinen Sie den da genau mit dem Thema Cloud?

Wir sind nicht sicher, ob das mit unserem jetzigen Partner auch wirklich gut umzusetzen ist.

Ok Herr Linder, dann lassen wir uns dieses wichtige Thema zusammen ansehen und herausfinden, ob sich eine Zusammenarbeit für Sie lohnt. Nächsten Montag, Mittwoch oder Freitag um 9.00 Uhr, soll ich zu Ihnen oder wollen Sie zu uns kommen?

⑤

Wissen Sie Herr Marti senden Sie mir doch einfach einmal Ihre Unterlagen.

Variante 14

Modul 2
Variante 14

(5)

Herr Linder sehr gerne, somit können Sie sich vor dem Termin schon ein gutes Bild über uns machen. An welche Unterlagen haben Sie den gedacht? Es ist mir wichtig, dass ich Ihnen auch die richtigen Unterlagen zustelle.

Ja, senden Sie mir einfach ein mal Ihre Unternehmenspräsentation und das über den Cloud zu.

Herr Linder, ich werde Ihnen das heute noch zustellen. Wie hätten Sie den gerne die Unterlagen. Per Mail oder doch lieber per Post?

Senden Sie es mir bitte per Mail.

An welche Email darf ich das senden?

info@solution.com

(6)

Modul 2
Variante 14

Variante 14

(6)

Gut, Herr Linder, werde ich Ihnen gerne zustellen. Was denken Sie, bis wann haben Sie die Unterlagen angesehen?

Nächsten zwei Wochen.

Gut Herr Linder, das wäre dann Woche 23 vom 11. bis 16. Um die Unterlagen gemeinsam zu besprechen, geht es Ihnen am Montag, Mittwoch oder Donnerstag um 10.00 Uhr? Soll ich zu Ihnen kommen, oder möchten Sie lieber zu uns in unseren Showrooms kommen und das alles gleich vor Ort zu sehen?

Herr Marti ich werde mich bei Ihnen melden.

Ich kann Sie gut verstehen. Auch ich habe des öfters Anrufe von irgendwelchen Unternehmen, welche mir etwas verkaufen möchten. Sind wir doch offen zueinander Herr Linder, eigentlich ist Ihnen mein Anruf unangenehm oder?

Ja wissen Sie, ich kriege wirklich permanent solche Anrufe.

(7)

Variante 14

Modul 2
Variante 14

Herr Linder ich verstehe Sie sehr gut. Was müsste ich Ihnen zu Ihrem bestehenden Partner für einen Mehrwert bieten?

(7)

Sie müssten viel schneller in der Applikation sein.

Ich lade Sie zu einem Lunch ein und zeige Ihnen unsere Turboapplikation, ist das ok?

Sie haben mich überzeugt. Ich komme sehr gerne.

Danke Herr Linder, ich freue mich auf das Treffen. Wie sieht es bei Ihnen aus nächste Woche? Am Montag, Dienstag oder Freitag?

Freitag ist für mich am besten.

(8)

Deine Notizen zur Variante

Variante 14

Modul 2
Variante 14

(8)

Herr Linder, zum Schluss damit ich mich optimal auf den Termin vorbereiten kann, habe ich noch vier Fragen, ist das OK?

Klar doch.

Wie viele Mitarbeiter beschäftigen Sie in Ihrem Unternehmen?
Arbeiten Sie mit Windows oder Mac oder beidem?
Was denken Sie Herr Linder, wer wird an unserem gemeinsamen Essen auch noch dabei sein?
Letzte Frage, darf ich fragen mit welchem Unternehmen arbeiten Sie zur Zeit zusammen?

Wir haben 36 Mitarbeiter und arbeiten mit Windows.
Am Termin werden wir zu zweit sein.
Wir arbeiten mit Axenon Solutions zusammen.

Danke für die Infos
Könnten Sie mir bitte noch den Vor- und Nachnamen und die Funktion Ihrer Begleitperson nennen?

(9)

Das ist der
Herr Wolke Cloud
Geschäftspartner.

Variante 14

⑨

Herr Linder, soll ich
Herrn Cloud auch gleich
die Einladung zustellen?

Nein, das werde ich
gerne selber erledigen.

Gut, dann freue ich mich auf den Freitag und ich
gebe Ihnen gerne noch die Reservation durch.

Danke gleichfalls und
bis bald.

E

Modul 2
Variante 14

Deine Notizen zur Variante

Modul 3

Einfach Durchkommen beim Empfang.

Modul 3
Variante 1

Variante 1

Modul 3
Variante 1

Variante 1

(1)

Guten Tag Frau Empfang, Solution AG in Zürich, Marco Marti.

Guten Tag Herr Marti.

Frau Empfang, es geht um den Bereich Digitalisierung.
Sie können mir einen grossen gefallen machen, wenn Sie mich mit dem IT Chef verbinden.

Einen Moment bitte ich werde Sie mit Herr Linder verbinden.

Danke Frau Empfang, könnten Sie mir bitte noch den Vornamen von Herr Linder geben?

(2)

Sales Cards©   www.markuswaser.com

MARKUS WASER
VISUALIZE YOUR SALE

Modul 3
Variante 1

Variante 1

(2)

Zum Schluss eine Frage, Frau Empfang, wenn ich Fabio Linder nicht erreiche, komme ich wieder zurück zu Ihnen oder kommt dann seine Combox?

Es kommt seine Combox.

Danke für Ihre Infos. Im Fall das ich Fabio Linder nicht erreiche, kann ich bitte seine Direktnummer haben?

Herr Marti die kann ich Ihnen leider nicht geben.

Kein Problem Frau Empfang, danke Ihnen fürs verbinden und auf wiedersehen bis zum nächsten Mal.

Bitteschön Herr Marti.

E

Modul 3
Variante 2

Variante 2

Modul 3
Variante 2

Variante 2

(1)

Guten Tag Frau Empfang, Solution AG in Zürich, Marco Marti.

Guten Tag Herr Marti, wie kann ich Ihnen helfen?

Frau Empfang, es geht um den Bereich Digitalisierung und ich möchte Sie als Kunden gewinnen. Es geht darum, das Sie als Mitarbeiter es noch viel einfacher mit der IT haben. Sie können mir einen grossen gefallen machen und mich bitte mit dem IT Chef verbinden.

Einen Moment bitte ich werde Sie mit Herr Linder verbinden.

Danke Frau Empfang, könnten Sie mir bitte noch den Vornamen von Herr Linder geben?

(2)

Variante 2

Modul 3
Variante 2

(2)

Zum Schluss noch eine Frage. Wenn ich Fabio Linder nicht erreiche, komme ich wieder zurück zu Ihnen oder kommt dann seine Combox?

Sie kommen zurück zu mir.

Danke für Ihre Information.

Ich verbinde Sie.

Danke Frau Empfang und vielleicht ja bis bald.

Bitteschön Herr Marti.

(3)

Sales Cards©

www.markuswaser.com

Modul 3
Variante 2

Variante 2

(3) → Danke für Ihre Information Frau Empfang, wann ist er wieder erreichbar? Damit ich nicht wieder Ihre wertvolle Zeit stehle, dürfte ich bitte die Direktnummer von Fabio Linder haben? → Danke Frau Empfang, das kann ich verstehen somit bis zum nächsten Mal um 11.00 Uhr. → (E)

Herr Linder ist nicht im Büro, er ist in einem Meeting.

Er sollte ab 11.00 Uhr frei sein. Die Nummer kann ich Ihnen leider nicht geben.

Ja, also bis bald.

Modul 3
Variante 3

Variante 3

MARKUS WASER
VISUALIZE YOUR SALE

Modul 3
Variante 3

Variante 3

1

Guten Tag Frau Empfang,
Solution AG in Zürich, Marco Marti.

Guten Tag Herr Marti.

Frau Empfang es geht um den Bereich Digitalisierung.
Ich möchte gerne mit Fabio Linder sprechen.

Einen Moment bitte ich
werde Sie verbinden.

Danke Frau Empfang, einen schönen Tag.

Ja, Linder am Telefon.

E

Lassen Sie unbedingt das Herr weg somit meint
man das Sie Fabio Linder persönlich kennen.

Modul 4

Entscheider finden

Modul 4

Wie finde ich den Entscheidungsträger:

Zu 90 % sind die Entscheidungsträger mit der richtigen Berufsbezeichnung auf der Webseite, im LinkedIn oder bei Xing eingetragen.

Wenn dies nicht der Fall ist, suche dir einen Mitarbeiter dieser Firma heraus der bei LinkedIn oder Xing eingetragen ist. Eventuell hat er seine persönlichen Kontaktdaten eingetragen und so kannst Du diesen Mitarbeiter anrufen. Sollten seine Kontaktdaten nicht ersichtlich sein, dann kannst Du über die Telefonzentrale der Firma dich direkt mit diesem Mitarbeiter verbinden lassen.

Was ist hierbei der grosse Vorteil?

Der Mitarbeiter wird dir ganz einfach und offen die von dir gewünschte Person nennen. Meistens bekommst Du dadurch ganz einfach die Direktwahl, denn der Mitarbeiter im Gegensatz zum Empfang hat die Befugnis, die Nummern anderen Mitarbeitern weiter zu geben.

Wenn Du schon den Vor- und Nachnamen der gewünschten Person kennst, wird dich der Empfang fast immer Durchstellen und keine weiteren Fragen mehr stellen.

Variante 1

Modul 4
Variante 1

①

Guten Tag Frau Empfang,
Solution AG in Zürich, Marco Marti.

Guten Tag Herr Marti,
wie kann ich Ihnen helfen?

Frau Empfang, es geht um den Bereich Digitalisierung kann ich bitte Fabio Linder sprechen?

Einen Moment bitte ich werde Sie mit Herr Linder verbinden.

Der Mitarbeiter hat Ihnen den Namen gegeben aber noch nicht die Direktnummer.
Eventuell haben Sie auch die falsche Ansprechperson erhalten.

Danke Frau Empfang.

②

Variante 1

Modul 4
Variante 1

(2)

Noch zum Schluss eine Frage Frau Empfang, wenn ich Fabio Linder nicht erreiche, komme ich wieder zurück zu Ihnen oder kommt dann seine Combox?

Sie kommen zurück zu mir.

Danke für Ihre Information, kann ich bitte noch die Direktnummer von Fabio Linder haben? Für den Fall, dass ich ihn nicht gleich erreiche?

Ja die ist + 41 44 921 20 20.

Danke Frau Empfang und vielleicht ja bis bald.

Ich verbinde Sie Herr Marti.

(3)

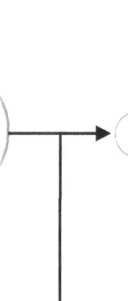

Deine Notizen zur Variante

Variante 1

Modul 4
Variante 1

Herr Linder ist nicht im Büro er ist in einem Meeting.

Er sollte ab 11.00 Uhr wieder frei sein.

Danke für Ihre Information Frau Empfang, wann ist er wieder erreichbar?

Danke Frau Empfang.

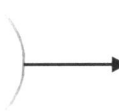

Variante 1

Modul 4
Variante 1

④

Guten Tag Herr Linder
Solution AG in Zürich.

Herr Linder, es geht um den Bereich Digitalisierung und ich will Sie als Kunden gewinnen in Ergänzung zu Ihren jetzigen Partner.

Danke Herr Linder, das Sie so offen zu mir sind. Herr Linder, Sie können mir sicher sagen, wer für diesen Bereich zuständig ist?

⑤

Guten Tag Herr Marti, wie kann ich Ihnen helfen ?

Ja schön, das wollen alle. Ich bin da aber leider nicht die richtige Person.

Klar doch, das ist mein Chef Herr Wolke Cloud er macht alles in diesem Bereich.

Variante 1

Modul 4
Variante 1

(5)

Vielen Dank Herr Linder. Können Sie mir bitte noch seine Email und die Direktnummer angeben?

Klar doch kein Problem, ich schaue gerade nach.

Vielen Dank Herr Linder, Sie haben mir wirklich geholfen.

Ja schön, dann wünsche ich Ihnen viel Erfolg.

(6)

Deine Notizen zur Variante
_____
_____
_____
_____
_____
_____
_____
_____
_____

Variante 1

⑥

Herr Linder zum Schluss, damit ich mich optimal auf das Gespräch mit Herr Wolke Cloud vorbereiten kann, habe ich noch drei Fragen, ist das OK?

Klar doch.

Wie viele Mitarbeiter beschäftigen Sie in Ihrem Unternehmen? Arbeiten Sie mit Windows oder Mac oder beidem? Letzte Frage, darf ich fragen mit welchem Unternehmen arbeiten Sie zur Zeit zusammen?

Wir haben 36 Mitarbeiter und arbeiten mit Windows. Wir arbeiten mit Axenon Solutions zusammen.

Danke für die Informationen.

Ⓔ

Modul 4
Variante 1

Herausgeber

Markus Waser Academy AG

Alte Landstrasse 413

CH-8708 Männedorf | Zürich

Tel. +41 44 921 20 20

Fax. +41 44 921 20 29

info@markuswaser.com

www.markuswaser.com

Herstellung und Verlag:
BoD - Books on Demand, Norderstedt
ISBN 978-3-7431-5376-9